Mein Frosch und meine Notizen

Mit tollen Frosch- und Tiergrafiken
bebildertes Notizbuch mit 5mm Zeilen

Kurt Heppke

Bibliografische Information der Deutschen Nationalbibliothek:
Die Deutsche Nationalbibliothek verzeichnet diese Publikation
in der Deutschen Nationalbibliografie; detaillierte
bibliografische Daten sind im Internet über http://dnb.dnb.de
abrufbar.

Lektorat: Kurt Heppke
Korrektorat: Kurt Heppke
weitere Mitwirkende: Kurt Heppke

Herstellung und Verlag: BoD – Books on Demand,
Norderstedt

ISBN: 978-3-7562-1378-8

Dieses Buch gehört

Dieses Buch gehört

Mehr von mir können Sie hier finden:
https://www.kurtheppke.com/

Mehr von mir können Sie hier finden:
https://www.kurtheppke.com/